NJ

L'Encyclopédie des animaux

COMMENT SE REPRODUISENT
LES ANIMAUX ?

Michel Barré

SOUS LE CONTRÔLE DE
MICHEL TRANIER
ZOOLOGUE AU MUSÉUM NATIONAL D'HISTOIRE NATURELLE

copy !

MANGO - PEMF

L'auteur tient à remercier particulièrement Jack Guichard et Maurice Berteloot pour leurs encouragements, leurs critiques et leurs conseils au cours de l'élaboration de cet album.

Maquette : PEMF

Dépôt légal : octobre 1994
Loi n° 49-956 du 16 juillet 1949 sur les publications destinées à la jeunesse.

Sommaire

LE BESOIN DE SE REPRODUIRE

Ci-dessus :
on appelle cet insecte
un éphémère car, à sa sortie de
la chrysalide, il n'a que quelques
heures pour s'accoupler
et pondre avant
de mourir.

Cette nécessité de se reproduire, pour prolonger l'espèce, semble inscrite dans la mémoire de tous les animaux, car ils supportent tout : la fatigue, la soif, la faim et parfois la douleur et la mort, pour que leurs petits naissent et vivent après eux.

Seul un être vivant peut transmettre la vie

Depuis les temps anciens, les hommes savaient comment se reproduisent leurs animaux familiers, ils voyaient les chèvres donner la vie à des chevreaux, les brebis à des agneaux. Pourtant, ils ont longtemps cru que certains petits animaux pouvaient naître spontanément sans avoir eu de parents. On appelait cela la **génération spontanée**. Des personnes sérieuses et instruites furent longtemps persuadées que des vieux chiffons pouvaient donner naissance à des souris, que de la viande pouvait se transformer en asticots.

Il y a environ 100 ans, le scientifique français Pasteur démontra par des expériences que même les êtres microscopiques ne pouvaient naître spontanément.

Tous les animaux ont une durée de vie limitée. Après avoir vécu, soit quelques heures (comme l'insecte appelé éphémère), soit une centaine d'années (comme les tortues géantes), chacun d'eux finit par mourir. Toutes les espèces ne tarderaient pas à disparaître de notre planète si les animaux adultes n'avaient, avant de mourir, donné naissance à des petits qui vivront après eux et se reproduiront à leur tour.

Un être vivant, si petit soit-il, a obligatoirement été produit par un autre être vivant* de la même espèce que lui. On ne trouve des petites souris dans des chiffons que si leur mère est venue s'y nicher pour leur naissance. Il n'y a d'asticot sur de la viande que si une mouche y a pondu ses œufs.

---

* On ne sait pas comment, il y a des milliards d'années, se sont formés les tout premiers êtres vivants.

Ci-contre :
les tortues géantes
des Galapagos peuvent
vivre centenaires mais, dès
l'âge adulte, elles se sont
accouplées pour pondre
des œufs qui deviendront
de jeunes tortues.

Ci-contre :
ces petits corps roses
sont des souriceaux qui
n'ont pu naître que
de souris adultes.

LES LOIS DE LA REPRODUCTION

Ci-dessus :
ces petits frères lapereaux
n'ont pas tous les mêmes taches
que leur maman.

Un animal adulte
ne peut produire
que des jeunes
de la même espèce
que lui

Une vache ne peut donner naissance qu'à des veaux, une chatte qu'à des chatons. Selon la race des parents, les petits peuvent avoir des poils longs ou courts, d'une couleur ou d'une autre. Par contre, jamais une vache ne produira des agneaux, ni une lapine des chatons.

Seule exception : des espèces très voisines peuvent parfois s'accoupler et produire un petit d'une espèce intermédiaire. Par exemple, avec un âne et une jument, on peut obtenir un mulet ou une mule, mais ceux-ci ne pourront pas avoir eux-mêmes de petits.

Ci-contre :
une jument qui a été
accouplée à un âne peut
donner naissance à
ce mulet qui possède
des caractéristiques
de ses deux parents.

Certaines espèces peuvent disparaître définitivement parce qu'elles n'ont pu se reproduire

Quand des chasseurs massacrent certains animaux avant ou pendant leur période de reproduction, quand des pêcheurs ramènent dans leurs filets des quantités de poissons ou de coquillages trop jeunes pour avoir encore pu se reproduire, ils mettent en danger la survie de ces espèces.

Tant qu'il reste un certain nombre de spécimens capables de se reproduire, on peut encore espérer sauvegarder l'espèce en la protégeant. Mais une espèce dont tous les membres ont disparu ne pourra plus jamais exister sur la Terre, même si l'on s'aperçoit par la suite qu'elle aurait pu être très utile.

On retrouve sous forme de fossiles des espèces anciennes, disparues sans que l'on sache pourquoi (les plus connues sont les nombreuses espèces de dinosaures). On connaît aussi un très grand nombre d'espèces disparues récemment parce que les hommes en ont laissé tuer tous les spécimens ou ne les ont pas laissé se reproduire.

Cela montre à quel point il est important de connaître, de comprendre et de protéger la reproduction des animaux si l'on veut sauvegarder toutes les richesses de la nature.

Ci-dessous : le dronte, appelé aussi dodo, vivait il y a deux siècles sur l'île Maurice. Il n'en reste que des représentations car les hommes ont provoqué sa totale disparition.

UN MOYEN DE MULTIPLICATION : LE PARTAGE DU CORPS

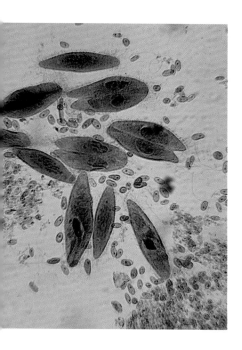

**Ci-dessus :
plusieurs de ces
paramécies, protozoaires
qui vivent dans les eaux
stagnantes, sont en
train de se diviser.**

Les végétaux et les animaux sont formés de cellules vivantes qui se multiplient en se coupant en deux. Chaque cellule ne peut se développer que si elle possède les informations nécessaires à son fonctionnement. Les séquences d'information, appelées gènes, sont enregistrées (comme sur une disquette d'ordinateur ou une cassette de jeu) sur des bâtonnets microscopiques, appelés chromosomes*, présents dans le noyau de chaque cellule.

Quand une cellule se divise, ses chromosomes se dédoublent pour que chaque nouvelle cellule possède les mêmes gènes lui permettant de se développer et de se reproduire à son tour. Si, en laboratoire, on coupait en deux une cellule avec un outil très fin, on n'obtiendrait pas deux cellules, car la moitié ne possédant pas sa série complète de chromosomes ne pourrait survivre.

Seules certaines espèces d'animaux très simples peuvent se multiplier à partir d'un individu isolé. Quand les protozoaires, animaux microscopiques composés d'une seule cellule, ont absorbé assez de nourriture, leur corps se partage en deux morceaux (parfois davantage), formant plusieurs individus qui, à leur tour, se diviseront quelques heures plus tard.

En théorie, avec suffisamment de nourriture, un seul protozoaire pourrait, par divisions successives, en produire des milliards en quelques semaines. Mais le vieillissement des cellules, toutes semblables, finit par arrêter la multiplication. Le protozoaire ne peut se rajeunir qu'en pratiquant un échange de chromosomes avec une autre cellule de la même espèce. Alors la multiplication redémarre.

Chez les infusoires et les hydres d'eau douce, un bourgeon se forme, puis se détache pour former un nouvel individu, un peu comme pour les boutures de plantes.

**Ci-dessous :
vue au microscope
d'une cellule avec ses
chromosomes.**

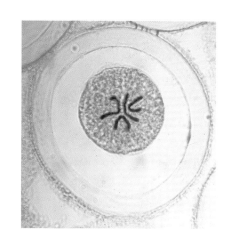

L'anémone de mer, animal à multiples cellules, peut se diviser en deux en largeur ou en hauteur. Cela arrive à certaines étoiles de mer. Mais ces animaux se reproduisent aussi sexuellement (voir p. 10).

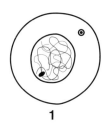 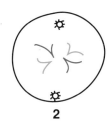 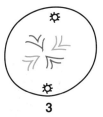 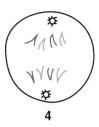 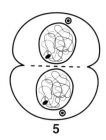

| 1 | 2 | 3 | 4 | 5 |

▲

Les étapes de la division d'une cellule :

1. les chromosomes forment de longs filaments ;

2. ils se contractent et se disposent au centre de la cellule ;

3. ils se recopient en se dédoublant ;

4. les doubles se séparent et vont aux deux pôles de la cellule ;

5. la cellule se divise en deux et les chromosomes reprennent la forme de filaments.

———————

* Le nombre de chromosomes est toujours fixe pour une même espèce (par exemple, mouche du vinaigre ou drosophile : 8 chromosomes, grenouille : 26, chat : 38, homme : 46, cheval : 66, chien : 78). Comme les chromosomes vont généralement par paires (l'un venant de la mère, l'autre du père), ce nombre est un multiple de 2.

**Ci-contre :
l'hydre d'eau douce
bourgeonne comme une
plante. Quand le bourgeon
est suffisamment gros,
il se détache pour
se fixer ailleurs.**

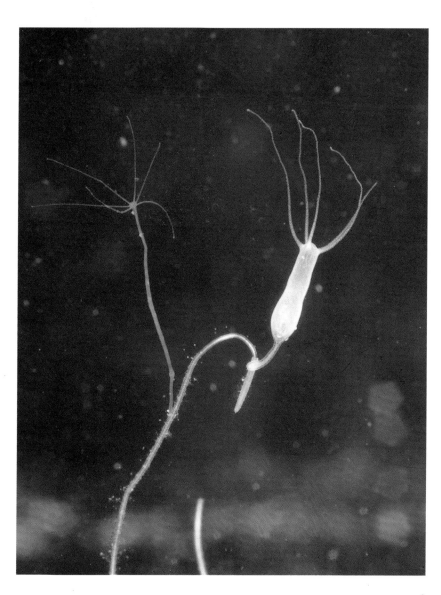

Il FAUT GÉNÉRALEMENT ÊTRE DEUX POUR SE REPRODUIRE

Chez la plupart des animaux, le jeune n'est pas un simple morceau de sa mère, exactement semblable à elle. Il est le produit de la fusion de deux cellules différentes, l'une venue de sa mère, l'autre de son père. On appelle cela la reproduction sexuée.

La mère, de sexe femelle, fabrique des cellules spéciales, appelées **ovules,** qui ne peuvent se développer qu'après leur fusion avec une des cellules, appelées **spermatozoïdes,** produites par le père, de sexe mâle.

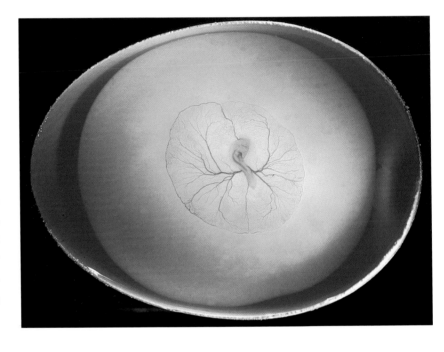

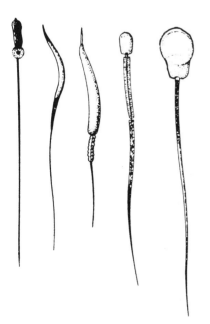

Ci-dessus :
le jaune d'un œuf de poule est un ovule qui pourra devenir poussin s'il a été fécondé par un spermatozoïde de coq.

A gauche :
grossis un millier de fois, des spermatozoïdes d'animaux divers. De gauche à droite : esturgeon, coq, tortue, chauve-souris et cerf.

Page de droite :
ces chatons, nés de la même mère, ne sont pas tous semblables car ils n'ont pas reçu les mêmes chromosomes.

De taille variable selon les espèces, les ovules sont toujours beaucoup plus gros que les spermatozoïdes, visibles seulement au microscope. En effet, en plus des gènes réunis sur les chromosomes, l'ovule contient la nourriture nécessaire au premier développement du futur animal. Si l'on grossissait un spermatozoïde à la taille d'une épingle, l'ovule aurait, en comparaison, la taille d'un melon (s'il s'agit d'un mammifère) ou même d'une montgolfière (pour les oiseaux dont les ovules sont les plus gros).

Le jeune ne reçoit que la moitié des chromosomes de chacun de ses deux parents

Deux cellules complètes ne pourraient pas fusionner pour en former une seule, car il y aurait alors le double du nombre nécessaire de chromosomes (voir p. 8). Un ovule et un spermatozoïde de la même espèce peuvent fusionner parce que chacune de ces cellules sexuelles n'a reçu qu'un seul chromosome de chaque paire, pris au hasard, ce qui fait au total la moitié du nombre nécessaire. Quand les deux cellules de sexe différent ont fusionné*, le bon nombre est rétabli.

Comme chacun des deux parents ne donne que la moitié de ses chromosomes qui portent les gènes déterminant les caractéristiques du futur animal (forme, couleur, dimensions, emplacement de chaque organe du corps, comportement instinctif, etc.), cela explique que leurs petits ne sont pas tous identiques. Sans avoir choisi, chaque jeune se voit attribuer, comme dans une loterie, certaines caractéristiques de l'un ou de l'autre de ses parents.

Notamment, certains seront des mâles comme leur père et les autres des femelles comme

---

* Deux ovules ne peuvent pas fusionner, ni deux spermatozoïdes, ni deux cellules sexuelles d'animaux d'espèces différentes.

LES DIFFÉRENCES ENTRE MÂLES ET FEMELLES

Les différences ne sont pas toujours visibles

La seule différence fondamentale, c'est que la femelle produit des ovules, tandis que le mâle sécrète du sperme, liquide rempli de millions de spermatozoïdes. Mais cela n'est pas toujours visible à l'extérieur du corps. Il est parfois difficile de deviner qui est mâle ou femelle.

Chez de nombreux poissons, c'est en ouvrant leur ventre qu'on découvre la laitance, substance laiteuse remplie de spermatozoïdes (il s'agit donc d'un mâle) ou la rogue, composée de centaines d'ovules (il s'agit alors d'une femelle).

Chez les mammifères, les reptiles et certains insectes, le mâle possède un organe particulier, nommé pénis, qui lui permet de faire pénétrer le sperme dans le corps de la femelle. Ce pénis, parfois très petit ou caché en temps habituel, n'est pas toujours visible.

Les femelles des mammifères portent des organes apparents, les mamelles qui leur serviront à allaiter leurs petits. Chez certains insectes, la femelle se distingue par une tarière qui lui permet de pondre ses œufs dans le sol, une tige de plante ou le corps d'un autre animal.

Ci-contre :
ce lion, accouplé à une lionne, se distingue par son abondante crinière.

Page de droite :
le cerf n'aime pas partager avec d'autres mâles les biches de son harem.

12

Des différences de taille

Chez les mammifères, il est assez fréquent que le mâle soit plus grand que la femelle. Ce n'est pas le cas chez les araignées et les scorpions où il est nettement plus petit ; de même chez quelques insectes. Chez certains poissons des grandes profondeurs, il est tellement minuscule à côté de la femelle qu'on le croirait d'une autre espèce.

Des caractères apparents

La crinière du lion, les cornes du bélier, les bois du cerf les différencient de leurs femelles : lionne, brebis et biche. Les cornes sont différentes chez le taureau et la vache, chez le bouc et la chèvre.

Chez les oiseaux, le plumage du mâle est souvent plus coloré que celui de la femelle. La crête du coq et du dindon est beaucoup plus grosse que celle de la poule et de la dinde.

Quelques coléoptères mâles possèdent une corne volumineuse ; certains papillons ont des antennes énormes leur permettant de sentir de très loin l'odeur des femelles. Chez les blattes des cuisines et les lampyres, les femelles n'ont pas d'ailes, contrairement aux mâles.

Des bizarreries du sexe

Des animaux qui sont à la fois mâle et femelle

Le lombric, ou ver de terre, et l'escargot possèdent à la fois les organes de mâle et de femelle. Mais ils doivent s'accoupler à un de leurs semblables pour mettre en contact ovules et spermatozoïdes. Après l'accouplement, chacun d'eux est à la fois la mère des œufs fécondés qu'il va pondre et le père des œufs de son partenaire.

Chez les huîtres plates, on change de sexe en vieillissant. La jeune huître adulte commence par être mâle et répand dans l'eau de mer des spermatozoïdes qui féconderont des huîtres plus âgées. Plus tard, elle deviendra femelle, aspirera les spermatozoïdes répandus par des huîtres plus jeunes et donnera naissance à de petites larves.

Les grenouilles et les tortues d'eau douce peuvent aussi changer de sexe au cours de leur vie.

Certains animaux ne participent jamais à la reproduction

Il existe au contraire des animaux qui ne peuvent participer à la reproduction, ni comme mâle, ni comme femelle. C'est le cas des ouvrières chez les abeilles et les fourmis, des ouvriers et des soldats chez les termites. Chez ces espèces, la reproduction est réservée à quelques mâles et à une femelle reproductrice par

Ci-dessous: deux escargots sont accouplés. Chacun d'eux pondra ensuite des œufs.

14

famille : la reine. Celle-ci fabrique des substances empêchant le développement des organes reproducteurs des autres, voués seulement au travail.

Les hybrides, animaux produits par des parents d'espèces voisines mais différentes, comme le mulet (voir p. 6), sont généralement incapables de se reproduire.

En élevage, on opère certains mâles pour les empêcher de se reproduire : ils deviennent ainsi plus gros. Le veau, au lieu d'être taureau, devient alors bœuf incapable d'avoir des petits ; de même l'agneau, au lieu d'être bélier, restera mouton ; le porcelet, au lieu d'être verrat, sera porc ; le poulet deviendra chapon au lieu d'être coq.

Ci-dessus :
seul le taureau peut
s'accoupler à une vache.
Le bœuf, privé des glandes
reproductrices, est moins
agressif et devient
plus lourd.

À LA RECHERCHE DE L'ACCOUPLEMENT

Instinctivement, c'est-à-dire sans avoir besoin qu'on lui apprenne, chaque animal sent quand le moment de la reproduction est venu. Pour beaucoup d'espèces, il existe des saisons particulières. Plus rarement, cela peut se passer à différentes époques de l'année.

Des moyens de se reconnaître

Afin de retrouver le mâle ou la femelle qu'ils recherchent, les animaux utilisent surtout les sons, les odeurs et les couleurs.

Il existe des cris particuliers qui attirent les partenaires pour l'accouplement. C'est la principale signification du chant des oiseaux qui sert à appeler les femelles, mais dissuade aussi les autres mâles de s'approcher.

De même, le brame du cerf quand il appelle les biches. Chez certains insectes, comme le grillon, la cigale, la sauterelle ou le criquet, le mâle produit une musique avec les pattes ou les ailes.

Chez les crapauds et les grenouilles mâles, l'appel se fait en gonflant le sac vocal de la bouche, ce qui provoque des sons différents pour chaque espèce.

Les odeurs jouent un grand rôle, surtout chez les mammifères, pour signaler que la femelle est prête pour l'accouplement. Des expériences ont montré que certains papillons sont capables de repérer une femelle à des kilomètres, grâce à son odeur qu'ils perçoivent avec leurs antennes.

Certains poissons changent de couleur au moment de la reproduction. Procédé plus rare, la femelle du lampyre (appelée « ver luisant ») attire les mâles la nuit avec son ventre lumineux. Les lucioles le font en clignotant en vol.

16

Ci-dessous :
la femelle
du lampyre,
ou « ver luisant »,
appelle les mâles
ailés en brillant
dans la nuit.

La rencontre
nécessite parfois
un long voyage

Les animaux de certaines espèces doivent se déplacer pour pouvoir s'accoupler. Non parce qu'il n'existe pas de partenaire dans leur région mais parce que la reproduction ne peut se passer que sur le lieu de leur naissance. Les crapauds retournent à la mare qui les a vus naître. Les anguilles de nos rivières doivent aller beaucoup plus loin s'accoupler dans la mer des Sargasses, au large de l'Amérique.

Au contraire, les saumons, les aloses et les esturgeons, poissons de mer, doivent remonter dans les rivières de leur naissance. Les baleines migrent dans des mers moins froides à l'époque de la reproduction.

Ci-dessous :
l'esturgeon, poisson
marin, doit revenir en rivière
pour se reproduire. Les œufs
noirs des femelles sont
appréciés des hommes
sous le nom de caviar.

Préliminaires à l'accouplement

Il faut parfois se battre pour conquérir une femelle

Quand le moment est venu pour l'accouplement, tous les mâles de la même espèce sont saisis du besoin de trouver une femelle. Il arrive souvent que plusieurs se disputent celle qu'ils ont trouvée au même moment. Seul le vainqueur de la lutte aura droit à l'accouplement.

Chez certaines espèces de mammifères, le mâle le plus fort n'aime pas partager et prétend garder seul la domination sur une troupe de femelles. Ainsi le cerf, le daim, le mouflon combattent les autres mâles qui voudraient s'approcher pour s'accoupler avec une femelle de leur harem. Cette lutte, brutale mais rarement meurtrière, donne la priorité aux plus forts pour la reproduction de l'espèce.

Chez les abeilles, il s'agit d'une course aérienne. Lorsqu'une jeune femelle a besoin de s'accoupler pour fonder une nouvelle famille, elle s'envole très haut, suivie de tous les mâles de la ruche (appelés faux-bourdons). Seuls les plus rapides auront la possibilité de s'accoupler. Mais, leur rôle accompli, les ouvrières leur interdiront le retour à la ruche et, ne pouvant se nourrir seuls, ils mourront.

Des parades avant l'accouplement

Il est fréquent qu'une parade précède l'accouplement. Certains poissons exécutent en couple un véritable ballet aquatique.

Les scorpions semblent danser avant de rentrer tous deux au terrier pour s'accoupler.

Les oiseaux ont les parades les plus spectaculaires. Le tétras et le paon font la roue en redressant les plumes de leur queue pour attirer une femelle. Certains mammifères se lèchent ou se caressent avant de s'accoupler.

Les scientifiques pensent que ces parades instinctives (c'est-à-dire non apprises), toujours les mêmes pour chaque espèce, servent à préparer la femelle à la fécondation de ses ovules. Si elle n'est pas en état d'avoir des petits ou si elle ne reconnaît pas le comportement précis de son espèce, elle refuse la parade et le mâle doit s'adresser à une autre femelle. Chez certaines espèces agressives, cela adoucit les réactions avant l'accouplement et empêche les individus trop violents de se reproduire.

**Page de droite :
c'est pour séduire une femelle
que le tétras (ou coq de bruyère)
redresse en roue les plumes
de sa queue.**

**A gauche :
dans ce combat
impitoyable, seul le
vainqueur pourra
s'accoupler aux biches
du troupeau. Le vaincu
s'éloigne généralement
sans être blessé.**

LA RENCONTRE
DES OVULES ET DES SPERMATOZOÏDES

**Elle se fait parfois
hors du corps
des animaux**

Chez les coquillages bivalves (comme l'huître ou la moule), c'est uniquement le mouvement de l'eau qui fait parvenir les spermatozoïdes des mâles sur les ovules des femelles.

Pour de nombreuses espèces de poissons, toutes les femelles libèrent leurs ovules dans un même lieu, la frayère, et tous les mâles viennent y verser leur laitance. Ainsi font les harengs, les maquereaux, les morues, les sardines. La truite femelle est suivie par plusieurs mâles qui arrosent ses ovules quand elle pond.

Chez les pieuvres, les grenouilles et beaucoup d'espèces de crapauds, le mâle maintient la femelle et recouvre de millions de spermatozoïdes les ovules qu'elle est en train de libérer dans l'eau.

Parfois, le mâle dépose ses spermatozoïdes dans une petite poche que la femelle aspire avec ses organes (c'est le cas chez le triton et certains insectes terrestres).

**Ci-dessus :
le mâle de
la grenouille a saisi
la femelle et il arrose
de sperme les œufs
qu'elle pond
dans l'eau.**

**Ci-contre :
à l'avant, le mâle
de cette petite libellule,
appelée agrion, a saisi
la femelle par le cou.
Celle-ci retourne le bout
de son abdomen pour
qu'il puisse recevoir
les spermatozoïdes.**

Souvent, le mâle introduit les spermatozoïdes dans le corps de la femelle

Quand l'animal possède un pénis, il l'utilise pour introduire son sperme dans le corps de la femelle. C'est le cas pour les mammifères, les reptiles et certains insectes.

Certains poissons, comme la raie, la torpille et le requin, le font également en utilisant une nageoire pointue pour guider l'écoulement de la laitance.

Pour les oiseaux et de nombreux insectes, il suffit d'un rapide contact entre les poches sexuelles pour provoquer le passage du sperme à l'intérieur du corps de la femelle.

Ci-dessous : le rhinocéros mâle a introduit son pénis dans le corps de la femelle.

LA FÉCONDATION DES OVULES

Ci-dessus :
ces nombreux œufs
de limnée, escargot
d'eau, pondus sur une
herbe aquatique, donneront
bientôt naissance
à des petits.

Ci-dessous :
l'œuf fécondé se divise
progressivement pour
former un embryon.

On appelle fécondation la rencontre d'un spermatozoïde avec un ovule. Le nombre de spermatozoïdes est beaucoup plus important que celui des ovules. Cela donne davantage de chance à chaque ovule d'être fécondé. Dès qu'un spermatozoïde rencontre un ovule, il pénètre à l'intérieur et fusionne avec lui pour ne former qu'une seule cellule qu'on appelle **œuf.** Les autres spermatozoïdes ne pourront y pénétrer : ils mourront.

Dans certaines espèces pourtant, des spermatozoïdes sont gardés en réserve dans le corps de la femelle. Chez les oiseaux, ils peuvent féconder les œufs pendant les semaines suivantes. Chez les insectes, un seul accouplement peut donner une réserve de spermatozoïdes pour toute la vie de la femelle. C'est le cas pour la reine des abeilles qui, après son accouplement, pondra pendant des années.

La chauve-souris peut retarder la fécondation de ses ovules pour que son petit naisse au printemps, moment favorable. La tortue peut attendre jusqu'à cinq ans.

De l'œuf à l'embryon

La fusion entre l'ovule et le spermatozoïde, formant l'œuf, déclenche une subdivision progressive de la première cellule en 2, puis 4, 8, 16, 32 cellules, etc. Contrairement à celles des protozoaires, ces cellules demeurent soudées et ne sont pas toutes semblables. Selon les informations contenues dans les chromosomes, certaines se diversifient progressivement pour former, selon l'espèce de l'animal, de la coquille, de la carapace ou de la peau, des muscles, de l'os, des nerfs, du sang, etc.

Cette transformation de l'œuf en **embryon** (nouvel animal en formation) peut se faire dans le corps de la mère mais, pour la plupart des espèces, elle se fait à l'extérieur.

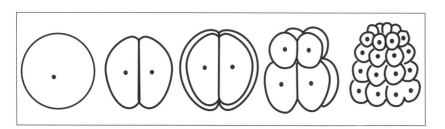

Ci dessous :
après 5 jours
d'incubation au chaud,
l'embryon du poussin se
développe dans sa coquille
en puisant sa nourriture
dans le jaune de l'œuf.

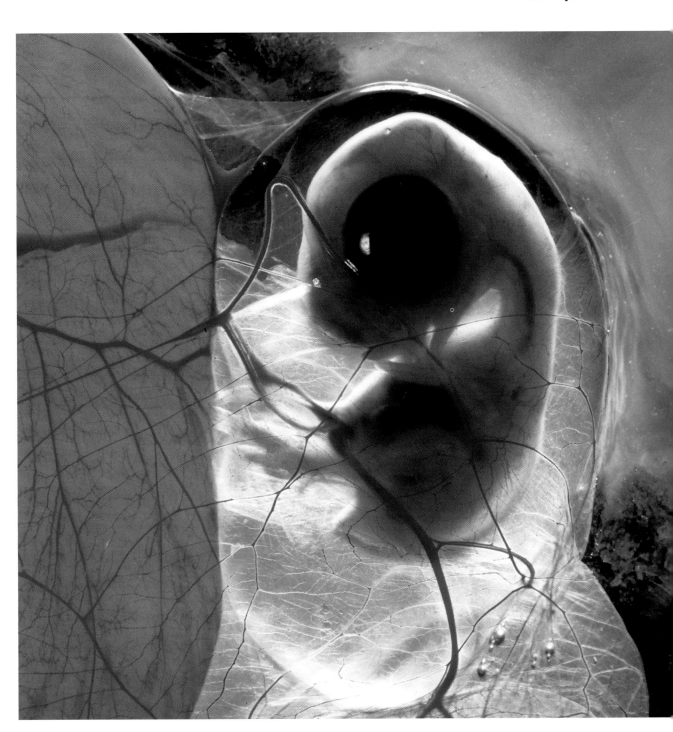

LES PARENTS APRÈS L'ACCOUPLEMENT

Le mâle se désintéresse souvent de la suite

Il est fréquent que le mâle, après avoir joué son rôle dans la reproduction, ne s'occupe plus de ce qui suivra.

Chez les insectes, dans bien des cas, il ne tarde pas à mourir. Chez les araignées et les mantes religieuses, il arrive même souvent que le mâle soit dévoré par la femelle s'il ne s'échappe pas rapidement après l'accouplement.

Beaucoup de mammifères mâles abandonnent les femelles après l'accouplement. Ils ne les rechercheront à nouveau qu'à la prochaine saison de reproduction.

Dans certaines espèces, le mâle joue un rôle de père

Selon les espèces, le mâle se préoccupe, seul ou avec la femelle, de l'avenir des petits. C'est vrai pour la plupart des oiseaux, pour quelques espèces de poissons ou de crapauds et pour certains mammifères vivant en bandes.

Ci-dessus :
le mâle de la mante religieuse ne s'est pas sauvé assez vite après l'accouplement : il est dévoré par la femelle.

A gauche :
cette araignée, appelée lycose, attend que tous les petits, éclos dans le nid blanc, soient grimpés sur son dos.

La femelle ne se préoccupe pas toujours de ce que deviendront les petits

Chez les insectes, il est fréquent que la femelle meure avant de voir ses œufs éclore.

Chez les poissons, elle se désinté-resse souvent de ce qui arrivera aux petits. A leur naissance, ceux-ci devront se débrouiller par eux-mêmes. On se doute que beaucoup seront la proie de leurs nombreux prédateurs.

Ces espèces animales compen-sent les pertes en produisant un très grand nombre d'œufs dont la plupart ne parviendront jamais à l'âge adulte.

Souvent la femelle surveille, couve, nourrit

Les femelles araignées et scor-pions ne quittent pas les œufs et transportent même les petits quand ils sont nés.

Les oiseaux couvent leurs œufs et souvent nourrissent les oisillons.

Les mammifères femelles al-laitent les petits après leur naissance.

Les pertes étant réduites, le nombre d'œufs ou d'embryons nécessaires à la survie de l'espè-ce est beaucoup plus restreint.

En haut : la chevrette, femelle du chevreuil, allaite son petit faon.

25

DE LA FÉCONDATION À LA NAISSANCE

Ci-contre :
ces œufs d'insecte,
régulièrement disposés
sur une tige de roseau,
ont été abandonnés
par la femelle (ovipare).

et quelques requins semblent vivipares, mais en réalité les femelles se sont contentées de garder les œufs dans le ventre jusqu'à leur développement complet, si bien que les petits sortent vivants, parfois encore enveloppés de l'enveloppe de l'œuf qu'ils crèvent aussitôt. On dit que ces femelles sont **ovovivipares.**

Certaines femelles pondent les œufs

Dans de nombreuses espèces animales, les femelles expulsent leurs œufs. Ceux-ci, généralement enrobés d'une réserve de matière nourrissante, se développent hors du corps de la mère. On dit que ces femelles sont **ovipares,** c'est-à-dire pondeuses d'œufs.

C'est le cas des mollusques, des crustacés, des insectes, de la plupart des poissons, des amphibiens, de la plupart des reptiles et, bien entendu, des oiseaux.

D'autres font naître des petits déjà formés

Les femelles d'autres espèces gardent les embryons dans leur corps et leur fournissent la nourriture nécessaire jusqu'à ce qu'ils soient suffisamment développés. On dit que ces femelles sont **vivipares,** c'est-à-dire donnant naissance à des petits vivants. C'est le cas des mammifères et de quelques poissons de la famille des requins.

Quelques reptiles comme l'orvet, la vipère, certains lézards

Ci-contre :
le bébé gazelle
est en train de sortir
vivant du ventre
de sa mère
(vivipare).

Ci-dessous :
la femelle de l'orvet,
petit lézard inoffensif
sans pattes qu'on
appelle aussi serpent
de verre, pond ses
œufs lorsqu'ils sont
éclos. Elle est
ovovivipare. Les
petits sortent
aussitôt de leur
enveloppe.

L'ŒUF NE DOIT PAS ÊTRE PONDU N'IMPORTE OÙ

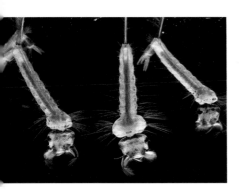

Ci-contre :
les larves de moustique doivent vivre dans l'eau. Elles viennent, la tête en bas, respirer à la surface par leur queue.

Certaines espèces prennent des précautions supplémentaires. Les parents poissons-chats et gonelles surveillent leur nichée. Seul le mâle est le gardien chez l'épinoche et le gobie.

L'hippocampe mâle pousse la protection à l'extrême ; il a fait

Quand la femelle abandonne ses œufs, les petits qui naîtront ne pourront survivre que s'ils trouvent le milieu et la nourriture qui leur permettront de se développer.

Beaucoup d'insectes non aquatiques doivent pondre dans l'eau, car c'est là que devront vivre les jeunes larves jusqu'à l'âge adulte. La libellule, la phrygane et l'éphémère pondent sur les herbes aquatiques. La femelle du moustique pond de véritables radeaux d'œufs flottants.

Chez les poissons, les œufs sont généralement pondus au milieu des herbes ou des algues où les alevins (jeunes poissons) trouveront nourriture et protection ; de même chez les amphibiens (grenouilles et crapauds).

pondre la femelle dans une poche de son ventre à lui et c'est là qu'éclosent les petits.

Le crapaud accoucheur a placé les œufs fécondés sur son dos et les porte jusqu'à l'éclosion.

Ci-contre :
cette petite guêpe,
appelée ammophile,
paralyse une chenille.
Elle y pondra ses œufs
qui donneront naissance
à des larves
qui dévoreront
la chenille.

Le jeune doit trouver sa nourriture dès sa naissance

De nombreux insectes pondent toujours sur le même type de plante, pas forcément celle qu'ils apprécient eux-mêmes,

A gauche :
quand un hippocampe
a un gros ventre, il s'agit
d'un mâle qui abrite
les œufs jusqu'à
l'éclosion
des petits.

mais celle dont les jeunes auront besoin. C'est le cas des papillons que l'on désigne sous le nom de la plante consommée par les chenilles auxquelles ils donnent naissance : la piéride du chou, le bombyx du mûrier, etc.

Quelques insectes ne se contentent pas de pondre sur la plante mais à l'intérieur des tiges, des feuilles, des fruits ou des graines. La mite pond dans la laine, la mouche sur la viande. Certaines espèces de petites guêpes préfè-

rent assurer de la nourriture fraîche à leurs petits : elles pondent dans le corps d'une chenille qu'elles ont paralysée d'une piqûre. Les larves dévoreront vivant l'animal qui leur a servi de berceau. Le scarabée mâle offre à la femelle une boule de bouse où celle-ci pondra : ce sera la nourriture du petit.

L'ÉCLOSION DES ŒUFS

Certains œufs ont besoin de chaleur pour éclore

La tortue de mer sort de l'eau pour pondre dans le sable. La chaleur du soleil sur le sable fait éclore les œufs et les jeunes tortues qui en sortent se hâtent de retourner dans la mer. Certains reptiles pondent dans les feuilles mortes. La fermentation produit de la chaleur qui favorise l'éclosion des œufs. Un oiseau australien utilise aussi cette méthode. Par contre, la femelle du python recouvre ses œufs de son corps pour les couver, car à ce moment elle produit de la chaleur.

Les œufs des oiseaux doivent rester au chaud pendant une certaine période, de 11 à 60 jours selon les espèces. Cela oblige le couple à bâtir un nid avant la ponte, puis à se relayer pour couver les œufs en les couvrant de leur plumage. Pour certaines espèces*, l'un couve et l'autre lui apporte la nourriture.

Le manchot empereur vit dans l'Antarctique, désert de glace sans le moindre abri. Un œuf posé au sol gèlerait rapidement. Un repli de la peau au bas du ventre permet au père de maintenir l'œuf au chaud; quand le poussin naîtra, c'est la mère qui l'abritera ainsi.

La sortie de l'œuf

Cela ne pose aucun problème quand les œufs ont une enveloppe molle que le petit peut manger ou crever.

Chez les oiseaux, l'œuf est enveloppé d'une membrane qui retient le liquide intérieur et d'une coquille calcaire solide ; la sortie serait difficile si l'oisillon ne portait au dessus du bec une partie très dure (qui disparaîtra par la suite) lui permettant de crever les membranes, puis de se libérer en brisant la coquille.

Chez les insectes pondus au centre des végétaux, c'est en mangeant qu'ils traceront la galerie leur permettant de sortir. On voit souvent un petit trou dans une noisette, un marron ou une noix de galle, c'est qu'un petit insecte en est sorti.

---

*Le coucou s'épargne ce souci : sa femelle pond dans le nid d'autres espèces pour que chacun de ses œufs soit couvé par d'autres parents qui nourriront ensuite le petit.

A gauche :
le couple de goélands
se relaie au nid pour couver
les œufs.

Ci-contre :
deux petits goélands
sont déjà nés. Le troisième
va bientôt éclore.

Page de droite :
le bébé du manchot
revient souvent se réchauffer
dans le repli du ventre.

UNE COUVEUSE
DANS LE VENTRE DE LA MÈRE

Ci-dessus:
à la naissance, le petit marsupial
est minuscule. Il doit être protégé
dans la poche de sa mère.

Ci-contre :
le jeune kangourou
a grandi, il sort la tête de
la poche et commence
à grignoter les herbes
à sa portée.

Une poche externe pour placer les nouveau-nés trop fragiles

Les **marsupiaux** sont considérés comme les plus anciens des mammifères. On les appelle ainsi à cause de la poche marsupiale de leur ventre où les femelles abritent leurs nouveau-nés, trop petits et fragiles pour vivre séparés d'elles, même un moment. Le plus connu des marsupiaux est le kangourou. Quand le petit sort au bas du ventre maternel, il est encore un embryon de 2 centimètres, nu et aveugle. Son instinct le pousse à grimper le long du ventre, attiré par l'odeur de la poche où se trouvent les mamelles. Dès qu'il y est parvenu, il saisit dans sa bouche l'une des mamelles qu'il ne lâchera plus pendant des semaines. A force de téter, il grandit et grossit, commence à sortir la tête de la poche, puis fait des escapades autour de la mère.

Bien des animaux d'Australie (et quelques-uns au sud de l'Amérique) sont également des marsupiaux comme le koala des forêts d'eucalyptus. D'autres ressemblent à nos loups, souris, écureuils, marmottes, taupes. Il faut noter que les espèces qui creusent des terriers ont la poche ouverte vers l'arrière, l'empêchant de se remplir de terre quand la mère rampe.

L'embryon est nourri à l'intérieur du ventre des autres mammifères

Tous les autres mammifères que nous connaissons (de la souris à l'éléphant) donnent naissance à leurs petits lorsqu'ils sont suffisamment robustes pour se passer de leur mère pendant quelques heures, lui permettant d'aller brouter ou chasser entre les tétées.

Après avoir été fécondé, l'œuf minuscule se niche dans l'utérus, poche interne du ventre maternel. L'embryon épuiserait rapidement les réserves contenues dans l'œuf, mais son corps communique par un tuyau, le cordon ombilical, avec un tissu spongieux, le placenta, fixé à la paroi de l'utérus, lui permettant de puiser dans le sang maternel qui circule de l'autre côté de la paroi, la nourriture et l'oxygène dont il a besoin pour se développer. Voilà pourquoi les scientifiques appellent tous ces animaux des mammifères **placentaires**.

Chez de nombreuses espèces de petite taille (souris, lapine, chatte, chienne), plusieurs œufs se développent en même temps et les naissances multiples sont la règle générale.

Le ou les embryons grandissent dans l'utérus de la mère pendant la gestation : temps variable selon les espèces (1 mois pour la lapine, 2 pour la chienne, 5 pour la chèvre, 11 pour la jument, 21 pour l'éléphante). Ils sortiront alors du ventre de leur mère.

La naissance des jeunes mammifères

Quand le développement de l'embryon est suffisant, l'utérus de la mère se contracte pour provoquer la sortie du ou des petits. Après avoir vécu dans une poche d'eau et respiré grâce à l'oxygène du sang de sa mère, chaque petit devra, pour la première fois, respirer par lui-même avec ses poumons.

La femelle s'allonge généralement pour favoriser la naissance. Quand le petit sort de son ventre, elle le lèche et apprend ainsi à reconnaître son odeur.

Chez les cétacés, tels que la baleine ou le dauphin, la naissance se passe dans l'eau mais, comme le petit a besoin de respirer, la mère le soutient près de la surface. D'autres femelles l'aident si c'est nécessaire.

**Ci-contre :
la gazelle lèche
le petit que nous avons
vu naître p. 27.**

Des parents
qui nourrissent les petits

Les tétines ou mamelons vont par paires, de nombre variable selon les espèces, une seule paire située sur la poitrine (guenon, éléphante, chauve-souris) ou à l'extrémité du ventre (jument, baleine), 2 ou 3 paires pour la vache, 5 ou 7 pour la truie.

Moins crémeux chez l'ânesse et la jument, très épais chez les mammifères marins, le lait est le meilleur aliment de croissance des bébés mammifères et lorsqu'une mère refuse d'allaiter un petit, on ne peut le sauver qu'en le nourrissant au biberon. La période d'allaitement est très variable selon les espèces (de 5 jours chez le tanrec, petit insectivore de Madagascar, à plus de 4 ans pour l'éléphanteau).

Une nourriture spéciale pour certains nouveau-nés

Les femelles mammifères sont connues pour allaiter les petits avec le lait nourrissant, sécrété par des glandes particulières : les mamelles.

Quand les larves d'abeilles naissent, elles sont nourries de miel par les ouvrières. Certaines, logées dans des cellules plus grandes, ont droit à une matière plus nourrissante, la gelée royale, qui leur permettra de devenir des reines, c'est-à-dire des femelles reproductrices.

**Ci-dessus :
le poulain tète sa mère.**

34

La becquée pour beaucoup d'oisillons

Quand les oisillons sortent de l'œuf, certains peuvent tout de suite courir ou nager autour de leur mère. On les appelle **nidifuges** parce qu'ils s'échappent du nid, construit au ras du sol, et ne viennent se réfugier sous les plumes de la mère que pour avoir chaud. Ainsi sont les poussins de la poule, les canetons et petits d'oiseaux aquatiques. Ils se nourrissent par eux-mêmes, comme la plupart des autres petits animaux au sortir de l'œuf.

Par contre, d'autres oisillons naissent nus et presque aveugles. On les appelle **nidicoles** et ils doivent être nourris par leurs parents jusqu'à ce qu'ils aient pris de la force et des plumes leur permettant de voler. Les parents font alors un perpétuel va-et-vient pour aller chercher la nourriture, souvent des insectes ou, pour certaines espèces, des poissons.

Au retour, les oisillons ouvrent un large bec et les parents les nourrissent. Parfois, chez les

oiseaux de mer, les petits plongent le bec dans la gorge des parents pour y prendre la nourriture déjà un peu digérée.

Les pigeons et les tourterelles nourrissent leurs petits d'un liquide crémeux, souvent appelé lait de pigeon, sécrété par leur jabot, poche de leur gorge. Ils leur donneront ensuite des graines prédigérées.

**Ci-dessus :
une grive
apporte des vers à
ses oisillons.**

35

Du bébé animal à l'adulte

Les petits de certaines espèces ont dès la naissance la forme de leurs parents

C'est le cas de la plupart des vertébrés et, chez les mollusques, de l'escargot et de la pieuvre. Les proportions sont souvent différentes. Généralement, chez les jeunes mammifères et les oisillons, la tête est proportionnellement plus grosse. Souvent les yeux ont déjà leur taille définitive, ce qui les fait paraître très grands et plus expressifs.

Certains jeunes naissent très différents de l'adulte qu'ils deviendront

Dans ce cas, on appelle le jeune une larve.

Chez les mollusques bivalves comme la moule, l'huître ou la coquille Saint-Jacques, la larve nage et ne possède que l'ébauche d'une seule coquille. Un peu plus tard, une double coquille se forme et l'animal se fixe ou vit au fond de la mer.

La plupart des jeunes crustacés comme la crevette, le crabe, le homard, devront changer plusieurs fois de forme avant de ressembler aux adultes de leur espèce.

A la naissance, des poissons cylindriques comme le congre ou l'anguille sont tout plats. Le têtard, petit de la grenouille, n'a pas de pattes et respire dans l'eau comme les poissons.

Les larves de nombreuses espèces d'insectes n'ont aucune ressemblance avec leurs parents et on a cru parfois qu'il s'agissait d'animaux différents. Les larves ne possèdent pas d'ailes, certaines pas de pattes, comme l'asticot qui deviendra une mouche. Elles vivent souvent dans un autre milieu que les parents : dans l'eau pour celles de la libellule ou du moustique, sous terre pour la cigale ou le hanneton.

Pour certaines espèces, la vie larvaire dure longtemps (3 ans pour l'éphémère et le hanneton, 4 ans pour la cigale, des dizaines d'années pour les insectes rongeurs de bois), beaucoup plus que la vie adulte (quelques heures seulement pour l'éphémère, quelques mois pour la plupart des autres). La vie larvaire se termine par une **métamorphose**.

Ci-dessus :
les larves de hanneton, appelées souvent
vers blancs, sont très différentes de leurs parents que
l'on voit ci-dessous accouplés.

CROISSANCE OU MÉTAMORPHOSE ?

A gauche :
le girafeau atteindra
progressivement la taille
de sa mère.

Une croissance régulière pour certains petits

Pour certaines espèces, la croissance se fait régulièrement par l'augmentation progressive du nombre de cellules des différentes parties du corps. Les os s'allongent, les muscles deviennent plus gros et plus puissants. En général, quand le petit a atteint l'âge adulte, sa croissance s'arrête et il devient capable de donner lui-même naissance à des petits.

Pourtant, cette taille limite de l'âge adulte n'existe pas chez les poissons et les mollusques, leur croissance peut continuer jusqu'à la mort.

Des mues successives quand l'enveloppe ne peut s'agrandir

Chez les crustacés, la carapace ne peut s'agrandir au rythme de la croissance du jeune. Aussi, périodiquement, la mue est nécessaire : la vieille carapace se fend, l'animal se gonfle d'eau, puis sa peau se durcit et se transforme en nouvelle carapace. Période dangereuse, car l'animal se trouve

un moment sans protection, mais il sera ensuite à l'aise jusqu'à une prochaine mue.

De nombreux jeunes insectes grandissent par mues successives. Il en est de même pour la peau des serpents et des lézards dont on retrouve parfois des lambeaux pendant la mue. Par contre, les écailles des tortues s'agrandissent régulièrement comme les coquillages.

Une métamorphose pour devenir adulte

Pour certaines espèces, une transformation plus profonde est nécessaire : **la métamorphose.**

Pour devenir grenouille, le têtard développe ses poumons et ses pattes, tandis que ses branchies et sa queue se résorbent.

Chez les poissons plats, comme la sole ou le carrelet, qui possèdent à la naissance un œil de chaque côté du corps, l'œil de la face inférieure se déplace progressivement pour rejoindre le second. Comme l'autre n'a pas bougé, l'ensemble n'est pas symétrique.

Chez beaucoup d'insectes, la métamorphose doit être si profonde que la vie de l'animal semble s'arrêter pendant une période appelée **nymphose.** A l'abri d'une enveloppe temporaire : nymphe (libellule ou cigale), chrysalide (papillon) ou pupe (mouche), le corps de la larve se transforme totalement et, par une nouvelle naissance, un insecte adulte en sortira.

CERTAINS ANIMAUX ÉDUQUENT-ILS LEURS PETITS ?

Ci-dessus :
le poussin d'aigle royal
hésite encore à s'envoler
du nid. Le moment venu,
ses parents
l'encourageront.

Il faut éviter de se représenter les animaux comme des humains, même si nos animaux familiers, à force de vivre avec nous, ont perdu parfois une partie de leurs instincts naturels de vie.

De nombreux animaux vivant dans la nature n'ont jamais vu leurs parents ni même d'adultes de leur espèce. Quand ils arrivent à l'âge adulte, cela ne les empêche pas de se comporter comme l'ont fait leurs parents, pour se nourrir, se défendre et se reproduire. Parce que, sans aucun apprentissage, leurs comportements instinctifs sont inscrits sur les chromosomes qu'ils ont reçus dans l'œuf et qu'ils transmettront à leur tour.

Les petits qui vivent avec leurs parents, réagissent également instinctivement à des stimulations. L'oisillon ouvre le bec dès qu'une forme ressemblant un peu à ses parents approche du nid. Le poussin picore quand il entend le bruit d'un picorement. Les petits mammifères carnivores jouent à la poursuite et à la bagarre avec les frères et sœurs.

Lorsque les mammifères vivent en bandes, l'imitation des autres se fait d'elle-même. Chaque petit apprend à grimper, à chasser sous la protection des adultes du groupe (de singes ou de loups, par exemple). Néanmoins, un jeune, isolé après la fin de l'allaitement, peut généralement survivre grâce à son instinct.

Par contre, chez les insectes sociaux (abeilles, fourmis, termites), chaque individu a absolument besoin du groupe où il est né. Seul, il n'existe plus. C'est le contact des autres qui provoque son comportement et lui fournit sa nourriture.

Ci-dessous : sous la surveillance attentive d'un adulte, les jeunes suricates apprennent à attaquer un serpent venimeux.

41

REPRODUCTION ET ÉVOLUTION DES ESPÈCES ANIMALES

**Chaque espèce
se transmet
sans changement
grâce aux chromosomes**

Des observations d'animaux, écrites il y a plus de 2000 ans par les Grecs ou les Romains, restent encore valables. Ces espèces n'ont pas changé. Par contre, on retrouve sous forme de fossiles des animaux disparus il y a des millions d'années. En les comparant aux espèces actuelles, on constate qu'il s'est produit une lente mais importante transformation du monde animal. C'est ce qu'on appelle **l'évolution.**

Comment expliquer la contradiction entre des espèces fixes et l'évolution générale du monde animal?

On a cru un moment que, peu à peu, les organes des animaux se transformaient selon leur utilité. Par exemple, que le cou des girafes se serait étiré pour permettre d'attraper les feuilles des arbres, le nez des éléphants allongé en trompe pour la même raison. Mais on n'a jamais pu découvrir une preuve de cette hypothèse, appelée **transformisme.** Il a fallu rechercher d'autres causes.

Ci-contre :
le scientifique Cuvier avait
remarqué qu'un fossile retrouvé
à Montmartre était une sarigue,
marsupial très proche de cet
opossum d'Amérique dont
on montre ici le petit.

Page de gauche :
il y a plusieurs siècles,
on décrivait déjà les jeunes pélicans
venant se nourrir dans la poche
du bec de leurs parents.

De nombreuses variations au sein des espèces

Lorsque les scientifiques étudient les espèces qui se reproduisent rapidement*, ils constatent de nombreuses petites variations, appelées mutations, dont on ne connaît généralement pas la cause. Certaines informations inscrites dans les gènes des chromosomes semblent mal reproduites, ce qui provoque des changements plus ou moins importants dans le corps ou le comportement. Et ces changements peuvent se transmettre aux générations suivantes.

La sélection naturelle

Quand une mutation handicape l'animal, il a moins de chance de survivre et de se reproduire. Dans d'autres cas, elle est pour lui un avantage et il aura plus de chance de la transmettre à un grand nombre de petits.

Ainsi, au cours de millions d'années, les animaux se sont diversifiés. Ceux qui étaient le plus avantagés se sont multipliés au détriment des autres. Ainsi, les marsupiaux d'Australie ont survécu parce qu'ils étaient isolés dans leur île. Sur notre continent, concurrencés par les placentaires, plus robustes à leur naissance, les marsupiaux ont disparu depuis longtemps ; on n'en retrouve que des fossiles.

Mais on est encore loin de connaître exactement comment s'est produite la longue évolution du monde animal.

---

* Ils utilisent beaucoup une petite mouche, la drosophile, dont ils obtiennent en 3 mois des arrière-petits fils. Cela permet d'étudier en quelques années une centaine de générations successives et d'observer les mutations.

L'INTERVENTION DES HOMMES SUR LA REPRODUCTION DE CERTAINS ANIMAUX

Il y a des milliers d'années, les hommes capturèrent dans des enclos des animaux qui leur servaient de réserves vivantes de nourriture. Certains d'entre eux s'habituèrent à la présence humaine et acceptèrent même de travailler ou de se laisser traire. On appelle cela la **domestication.**

Les anciens cultivateurs choisirent les bêtes les plus dociles, les mieux fournies en chair, pour les faire reproduire et ils obtinrent des variétés de plus en plus éloignées des espèces sauvages (le porc actuel ne ressemble plus au sanglier dont il provient). Ils accouplèrent des variétés diffé-rentes trouvées dans d'autres régions et produisirent de nouvelles races. C'est la **sélection artificielle.** Une espèce unique, celle du chien, a produit une grande diversité de races (plus de 300) allant du minuscule chihuahua (1,8 kg) au dogue allemand (60 kg).

Page de gauche :
cette truie a
la même origine lointaine
que le sanglier (p. 36),
mais la sélection par
les hommes en a
fait une énorme
masse de viande.

Ci-contre :
l'accouplement naturel
des poneys que l'on voit
ici est souvent remplacé
par la fécondation
artificielle.

Actuellement, on va plus loin pour obtenir une meilleure sélection. On recueille le sperme de quelques mâles choisis pour leurs qualités exceptionnelles. En le diluant et en le conservant au froid, cela permet la fécondation artificielle* de centaines de femelles. On introduit même les embryons provenant des meilleures vaches dans l'utérus d'autres femelles qui les porteront dans leur ventre jusqu'à la naissance.

Dans les élevages de poules pondeuses (d'où viennent la plupart des œufs, non fécondés, que nous consommons), il n'y a pas de coqs. Ceux-ci sont réservés à certaines poules qui produiront des œufs fécondés, mis en couveuse artificielle pour fournir des poussins. Les jeunes mâles seront mis de côté et engraissés comme poulets et les femelles gardées comme pondeuses.

Certains scientifiques essaient même, par des manipulations génétiques, de modifier les informations inscrites sur les chromosomes. Il faut procéder avec prudence à cause du risque de produire des monstres dangereux pour l'avenir.

Ci-dessous :
fécondation
artificielle.

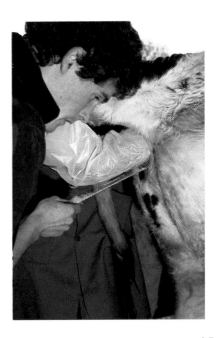

---

* Quand les ovules d'une femelle sont prêts à la reproduction, on introduit dans son utérus, avec un tube, une quantité de sperme suffisante pour la fécondation, (voir ci-contre).

Masculin ou féminin ne signifient pas toujours mâle ou femelle

Tous les noms d'animaux féminins ne désignent pas forcément des femelles. La chouette n'est pas la femelle du hibou, ni la grenouille la femelle du crapaud. Il s'agit d'espèces différentes où existent des mâles et des femelles. De même, malgré la ressemblance de nom, un moucheron n'est pas le petit d'une mouche, pas plus que le puceron le petit d'une puce.

Par contre, les hommes ont donné à beaucoup d'animaux familiers un nom différent selon qu'il s'agit du mâle, de la femelle ou d'un petit :

Chien, chienne, chiot
Chat, chatte, chaton
Lapin, lapine, lapereau
Cheval (étalon), jument, poulain ou pouliche
Ane (baudet), ânesse, ânon
Bœuf (taureau), vache, veau ou génisse
Porc (verrat), truie, porcelet
Bouc, chèvre, chevreau
Mouton (bélier), brebis, agneau ou agnelle
Coq, poule, poussin
Canard, cane, caneton
Jars, oie, oison
Dindon, dinde, dindonneau
Cerf, biche, faon
Chevreuil, chevrette, faon
Daim, daine
Sanglier, laie, marcassin
Lièvre, hase, levreau
Renard, renarde, renardeau
Loup, louve, louveteau
Eléphant, éléphante, éléphanteau
Lion, lionne, lionceau
Chameau, chamelle
Singe, guenon
Tigre, tigresse.

**Ci-contre :
cerf et biches.**

46

Lexique

Chromosomes : bâtonnets contenus dans le noyau de chaque cellule vivante et sur lesquels sont inscrites toutes les informations nécessaires au développement. Les chromosomes se trouvent toujours par paires dans les cellules normales ; par contre, il n'y en a qu'un seul de chaque paire dans les cellules sexuelles : spermatozoïdes et ovules.

Chrysalide : enveloppe entourant totalement une larve d'insecte en cours de métamorphose.

Cocon : enveloppe recouvrant la chrysalide de certaines chenilles.

Domestication : apprivoisement de certaines espèces animales qui vivent et se reproduisent selon la volonté des hommes.

Éclosion : sortie de l'œuf d'un jeune animal.

Embryon : animal en cours de formation avant sa naissance.

Évolutionnisme : constatation de l'évolution des espèces, au cours de longues périodes, que l'on tente d'expliquer par la théorie des mutations et de la sélection naturelle.

Fécondation : fusion d'un ovule femelle avec un spermatozoïde mâle.

Femelle : animal produisant des ovules à l'âge adulte.

Gène : séquence d'information regroupée avec d'autres sur les chromosomes qui constituent le programme de développement de chaque être vivant. La génétique est la science qui étudie les gènes.

Gestation : chez les mammifères, période de développement du petit dans le ventre de sa mère.

Insémination artificielle : fécondation provoquée par l'homme (surtout avec les mammifères domestiques) en injectant le sperme d'un mâle dans l'organe sexuel d'une femelle.

Larve : jeune animal n'ayant pas la forme de l'adulte de son espèce.

Mâle : animal produisant des spermatozoïdes à l'âge adulte.

Mamelle : glande des mammifères femelles sécrétant du lait.

Mammifères : animaux dont les femelles allaitent leurs petits.

Manipulation génétique : expérience scientifique qui consiste à modifier certains gènes des chromosomes.

Marsupiaux : mammifères protégeant leurs petits, à la naissance, dans une poche externe de leur ventre.

Métamorphose : transformation profonde du corps d'un jeune animal pour devenir adulte (ex : chenille devenant papillon).

Mue : changement de carapace ou de peau rigide permettant la croissance d'un animal.

Mutation : transformation provoquée par la modification des informations inscrites sur un chromosome.

Nidicoles : oiseaux gardant leurs petits au nid pour les nourrir.

Nidifuges : oiseaux dont les petits se nourrissent seuls dès la naissance.

Nymphe : enveloppe entourant toutes les parties du corps d'une larve en cours de métamorphose, appelée dans ce cas nymphose.

Œuf : ovule ayant fusionné avec un spermatozoïde.

Ovipare : animal qui pond des œufs.

Ovovivipare : animal qui garde ses œufs dans le ventre jusqu'à leur éclosion.

Ovule : cellule sexuelle femelle.

Pénis : organe permettant à certains animaux mâles d'introduire leurs spermatozoïdes dans le corps d'une femelle.

Placentaires : mammifères nourrissant les embryons dans leur ventre, par l'intermédiaire d'un tissu suçoir gonflé de sang, le placenta.

Pupe : chrysalide de mouche.

Reproduction sexuée : reproduction nécessitant l'intervention d'un mâle et d'une femelle.

Sélection naturelle : phénomène par lequel les animaux les mieux adaptés à leur milieu l'emportent sur les autres.

Sélection par l'homme : choix, pour la reproduction, des animaux les mieux adaptés aux besoins des hommes.

Sexe : caractéristique qui différencie le mâle de la femelle.

Spermatozoïde : cellule sexuelle mâle.

Tarière : organe permettant à certains insectes femelles de pondre en profondeur.

Transformisme : théorie, jamais prouvée, supposant que les animaux transmettraient à leurs petits des modifications progressives de leur corps.

Utérus : poche du ventre d'une femelle mammifère dans lequel se développent les petits.

Vivipare : animal dont les petits sont nourris dans le ventre de leur mère jusqu'à leur naissance.

INDEX

REMERCIEMENTS

Les éditeurs remercient l'agence Jacana et les artistes qui les ont autorisé à utiliser les photographies figurant dans les pages suivantes :

Couverture: J.-P Ferrero ; P. Lorne, 4 ; Van Nostrand/PHR, Mc Hugh T/PHR, 5 ; J.P. Thomas, A. Carrara, 6 ; M. Viard, 7 ; A. Kerneis - Dragesco, K. Ross, 8 ; G. Ziesler, 9 ; P. Summ, 10 ; F. Gohier, 11 ; M. Denis-Huot, 12 ; S. Cordier, 13 ; K. Ross, 14 ; D. Cauchois, 15 ; J.-P. Varin, 16 ; Rouxaine, Varin-Visage, 17 ; Varin-Visage, 18 ; M. Danegger, 19 ; J. Robert, J.-P. Herny, 20 ; J. Robert, 21 ; F. Danrigal, 22 ; J.-M. Labat, 23 ; Rouxaine, A. Larivière, 24 ; M. Danegger, 25 ; C. et M. Moiton, 26 ; Ferrero - Labat, J.-P. Varin, 27 ; C. Nardin, Varin-Visage, 28 ; K. Ross, 29 ; A. Le Toquin, 30 ; Ermie, 31 ; Parer-Parer, Cook/Aus, J. Cancalosi, 32 ; Ferrero-Labat, 33 ; J.-P. Ferrero, 34 ; Varin-Visage, 35 ; K.Schneider, 36 ; Rouan, F. Danrigal, 37 ; P. Wild, 38 ; R. Dulhoste, 39 ; J. Robert, 40 ; A. Degré, 41 ; J.-F. Hellio-N. Van Ingen, 42 ; F. Petter, 43 ; G. Félix, 44 ; J.-P. Ferrero, 45 ; F. Danrigal, 46.

Agence Campagne-campagne/L. Taurus, 45.